L'Europe du silence

Stéphane Duroy

FILIGRANES Éditions

Leurs visages, pointus, duveteux et morts ont cette épouvantable absence d'expression des cadavres d'enfants.
On se sent la gorge serrée quand on les voit bondir, courir et tomber. On voudrait les battre, parce qu'ils sont si bêtes,
— et aussi les prendre dans ses bras et les éloigner de là où ce n'est pas leur place.

Erich Maria Remarque - *À l'Ouest rien de nouveau*

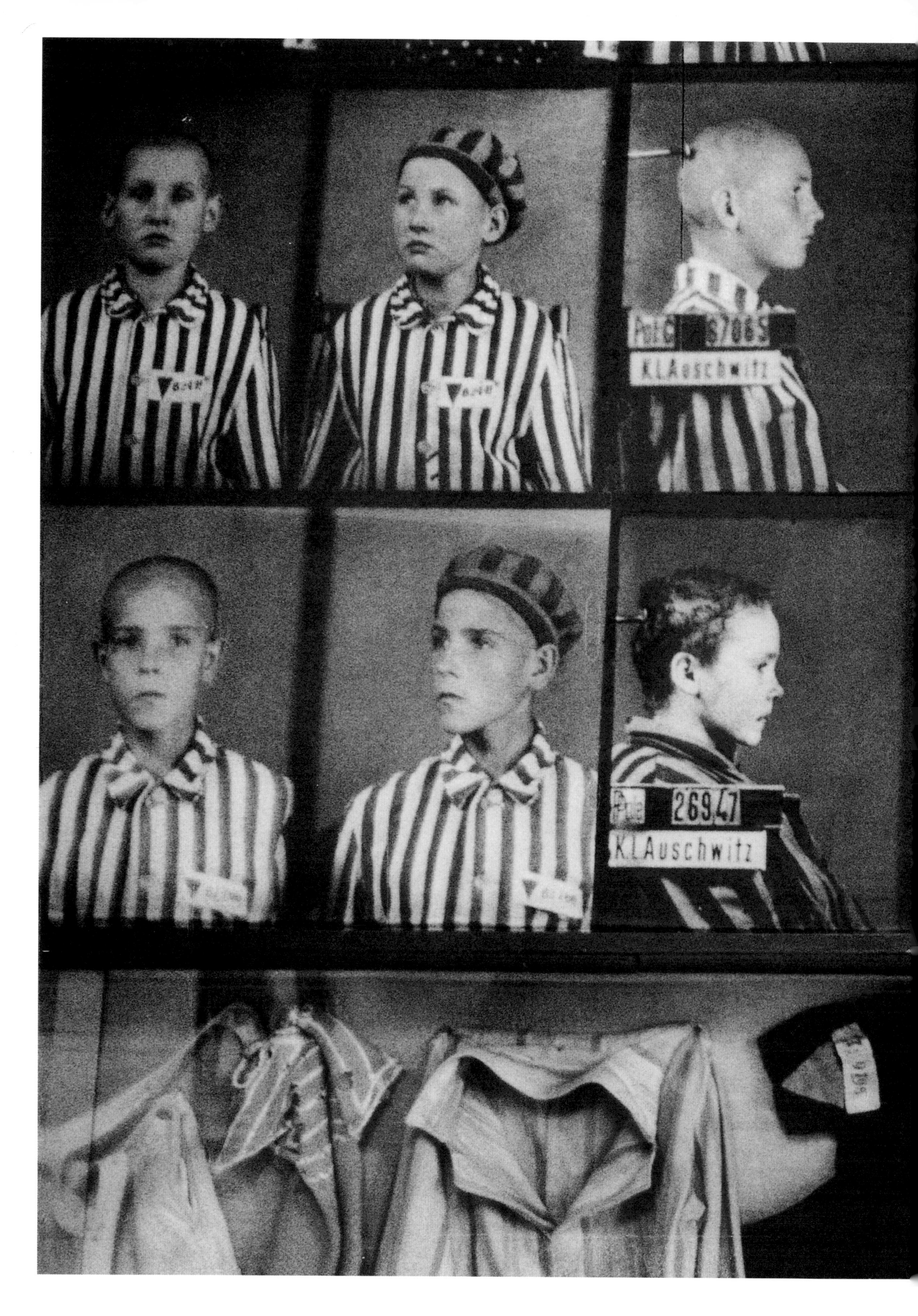
K.L.Auschwitz
269.47
K.L.Auschwitz

Pol.R 60307
KLAuschwitz
27129
Auschwitz

Leur vie est courte mais leur nombre infini. Ce sont eux, les Muselmänner, les damnés, le nerf du camp ; eux, la ma

marchent et peinent en silence, trop vides déjà pour souffrir vraiment. On hésite à les appeler des vivants : on hésite à appe

nyme, continuellement renouvelée et toujours identique, des non-hommes en qui l'étincelle divine s'est éteinte, et qui

rt une mort qu'ils ne craignent pas parce qu'ils sont trop épuisés pour la comprendre. Primo Levi - *Si c'est un homme*

Gaston Salvatore
STALIN

Charlotten-St
1–3

15876

La plupart des hommes et femmes évolués du dix-neuvième siècle auraient rangé parmi les plaisanteries sinistres la prédiction selon laquelle la torture et le massacre n'allaient pas tarder à proliférer une fois encore dans l'Europe « civilisée ». Il n'est rien de *naturel* dans notre condition présente. Il n'y a rien de particulièrement convaincant ou digne dans le fait que nous admettons que « tout est possible ». En fait, semblable état d'esprit abaisse et déforme le seuil d'indignation. [...]
Amorphe, envahissante, notre familiarité avec l'horreur représente pour l'humanité une défaite absolue.

George Steiner
Dans le château de Barbe-Bleue

Their sharp, downy, dead faces have the awful expressionlessness of dead children.
It brings a lump into the throat to see how they go over, and run and fall. A man would like to spank them, they are so stupid, and to take them by the arm and lead them away from here where they have no business to be.

Erich Maria Remarque - *All Quiet on the Western Front*

Their life is short, but their number is endless; they, the *Muselmänner*, the drowned, form the backbone of the camp, an anonymous mass, continually renewed and always identical, of non-men who march and labour in silence, the divine spark dead within them, already too empty to really suffer. One hesitates to call them living: one hesitates to call their death death, in the face of which they have no fear, as they are too tired to understand.

Primo Levi - *If This is a Man*

To most intelligent men and women of the nineteenth century, a prediction that torture and massacre were soon to be endemic again in 'civilized' Europe would have seemed a nightmarish joke. There is nothing *natural* about our present condition. There is no self-evident logic or dignity in our current knowledge that 'anything is possible'. In fact, such knowledge corrupts and lowers the threshold of outrage. [...]
The numb prodigality of our acquaintance with horror is a radical human defeat.

George Steiner - *In Bluebeard's Castle*

Silent Europe

When I set out to photograph West Berlin in 1979, I wanted to understand how such a highly civilized people as the Germans could have created the horrors of Nazism, a phenomenon unique in history.

For ten years I was fascinated by this extraordinary enclave. The construction of the wall in 1961 meant that much of the city's history became frozen in time, turning West Berlin into a vast studio set where the past seemed as real as the present. In Cold War Berlin, the two faces of German civilization--one extremely refined, the other monstrous--could still be seen.

On November 9, 1989, the wall fell and the stage set collapsed-- exactly fifty-one years after the terror of Crystal Night.

By then I was curious to see what had become of Germany's eastern half, to travel through a rural landscape virtually unchanged since 1933, to see how the culture of progressive Weimar had managed to exist alongside that of Buchenwald.

Several trips to Poland in 1992 broadened my scope to reveal not only the economoic backwardness afflicting the region, but more particularly, the immense horror behind the human slaughterhouses of the Third Reich.

I had already decided to go no further east than the Russian-Polish border. I felt that retracing my steps would allow me to better understand the legacy of 70 years of totalitarian rule in East Germany, as well as to penetrate the clean, modern shell of its powerful neighbor.

I continued to travel back in history. It was not until Verdun, in 1997, amidst a landscape still scarred by the desperate battles of the First World War, that finally I understood the breadth of the historical forces that had guided this long journey.

En décidant de photographier Berlin-Ouest en 1979 je voulais comprendre l'Allemagne, celle qui donna naissance au nazisme, ce phénomène, unique dans l'Histoire, généré par un peuple si parfaitement civilisé.

Cette enceinte extraordinaire me captiva pendant dix longues années. Dès 1961, le mur empêcha l'effacement des traces, et Berlin devint un vaste studio où le décor donnait la même réalité au présent qu'au passé. Berlin figea les deux visages de la civilisation allemande, l'un raffiné à l'extrême, l'autre monstrueux.

Le décor fut démonté un 9 novembre 1989, jour anniversaire de la nuit de Cristal.

Après ces dix années j'étais très curieux de découvrir le visage oriental de l'Allemagne, de traverser cette ruralité presque inchangée depuis 1933, de voir comment la culture progressiste de Weimar pouvait cohabiter avec Buchenwald.

En 1992, le voyage polonais révéla les grandes carences économiques de la région, mais surtout l'immense horreur des abattoirs humains du IIIe Reich.

Comme je décidai d'achever mon voyage à la frontière russo-polonaise, j'eus le sentiment qu'un retour sur mes pas me permettrait de percer la carapace aseptisée de la puissante Allemagne de l'Ouest, ainsi que les soixante-dix ans de pression totalitaire de l'autre, celle de l'Est.

La chronologie inversée se poursuivit ; ce ne fût qu'en 1997, à Verdun, dans le paysage encore meurtri par l'acharnement des batailles de 1914-1918, que je compris la cohérence de cette longue histoire.

L'Europe du silence

Ouvrage édité avec le concours de :
La Filature
scène nationale, Mulhouse.
Le Centre Culturel André Malraux
scène nationale, Vandœuvre.

Il a également bénéficié du soutien :
de l'Espace Malraux, scène nationale, Chambéry
et du Centre Atlantique de la Photographie, Brest.

Mise en page, Stéphane Duroy.
Conception graphique, Patrick Le Bescont, *Filigranes Éditions*, Trézélan.
Photogravure, *Anthéa*, Trégueux.
Impression sous les presses de *SH Imprimeurs*, Pordic.
Brochage, *Atlantis Façonnage*, Saint-Herblain.

Stéphane Duroy remercie :
Paul Cottin
Denis Cussenot
Paulo Nozolino
Éric Perrot
Laura Sérani
Tala Skari

avec le soutien de Leica.

Pour l'utilisation d'extraits de texte l'auteur et l'éditeur remercient :
les éditions Stock *À l'Ouest rien de nouveau* de Erich Maria Remarque,
les éditions Julliard *Si c'est un homme* de Primo Levi,
les éditions Gallimard *Dans le château de Barbe-Bleue* de George Steiner.

Achevé d'imprimer le lundi 3 avril 2000

ISBN : 2-910682-87-0
Dépôt légal : avril 2000

Filigranes Éditions
Lec'h Geffroy F-22140 Trézélan
Téléphone 02 96 45 32 02 • Télécopie 02 96 45 36 91